JN411602

꽃눈을 따다

허문정 시집

시와
사람

꽃눈을 따다

2023년 11월 10일 인쇄
2023년 11월 20일 발행

지은이 허문정

펴낸이 강경호 편집장 강나루 디자인 정찬애
펴낸곳 도서출판 시와사람
등록 1994년 6월 10일 제 05-01-0155호
주소 광주시 동구 양림로119번길 21-1(학동)
전화 (062)224-5319 E-mail jcapoet@hanmail.net

ISBN 978-89-5665-697-7 03810

값 12,000원

*잘못된 책은 구입하신 서점에서 바꾸어 드립니다.
*지은이와의 협의로 인지를 붙이지 않습니다.
*이 책은 전남문화예술재단기금에서 제작비를 지원받았습니다.

이 도서의 국립중앙도서관 출판예정도서목록(CIP)은
서지정보유통지원시스템 홈페이지(http://seoji.nl.go.kr)와
국가자료종합목록 구축시스템(http://kolis-net.nl.go.kr)에서
이용하실 수 있습니다.

꽃눈을 따다

■ 시인의 말

내 영혼은 여리고 순수해서 흠집이 잘난다.
늘 꿈이라는 약을 바르며 덧나지 않게 치료했지만
몇 가닥 우울은 낫지 않았다. 아마 시를 쓰려고
그랬나보다.
시를 쓰며 생의 찬가를 부르련다.

2023년 10월
허문정

꽃눈을 따다 / 차례

제1부 엎드려 물 먹는 나무

제2부 한쪽 날개는 내가 그려 넣을게

제3부 누가 피리 좀 불어줄래?

제4부 꽃 귀라도 열렸으면

작품론

제1부

엎드려 물 먹는 나무

엎드려 물 먹는 나무

장성호 수변길을 걷다가
엎드려 물 먹는 나무 여럿 보았다
살며 속 타는 일 왜 없으랴
찬물 벌컥벌컥 들이켜는 나무들 틈에서
발갛게 익은 어린 애기단풍도
얼굴 묻고 엎드렸다

올해는 저들에게 꽃이든 열매든
몇 곱절은 매달게 해 주소서

간절함에 귀 트인 바람 한 자락
잔잔한 물결 위에 나지막이
풍경소리 풀어놓는다.

무소유

딸네와 고창에서 숙박을 하고
뷔페에서 아침식사를 하는데
내 접시에는 우거진 채소 더미와
탑을 이룬 산해진미
여섯 살 외손녀 접시엔
조막만한 컵 케이크 하나에
손가락 마디만한 흰 소시지 두 개

본전이 생각나 한 접시 더 수북이 가져오라 닦달하니
도리도리

꾸역꾸역 원죄처럼 욕망의 접시를 비우는데
어느 성자보다 깨끗한 아이가 손을 잡는다.

순수

오래 전 대전 어느 여관에서 묵던 밤
옆방에서 들려오는 기이한 소리
분명 간첩이 무전 치는 소리라고
포상금 삼천만 원은 어떻게 할지
세 여자가
숨죽여 귀를 모았는데

남녀가 서로를 맛있게
까먹는 소리

그날 밤 옆방의 가쁜 숨소리를
어린 우리는 알지 못했던
그 처녀림 같은 순수한 시절이
이제는 이리도 그립다.

그 여자가 깔고 앉은 계절

웃으면 눈가에 잔주름이 잡히는 여자
날씬한 사람들을 보면
살 빼야지 살 빼야지 하면서도
또 먹는 여자

오늘은 다소곳이 호숫가에 앉아
물결이 되는 여자
나비가 되는 여자

시린 옛 추억을 소환하다
눈가에 맺히는 이슬
남은 계절은 꽃단풍처럼 살겠노라
주먹 불끈 쥐는데

헐렁한 바지 속에
옆구리 살 밀어 넣으며
또 다시 배가 고픈

그 여자가 깔고 앉은 계절이
가을이었네.

부부의 진화

젊은 날
서로는 창끝이더니

이제는
약 먹었어?

깜박거리는 정신을
서로 부축하는
지팡이

지팡이의 주름살이
애잔하다.

칠백 원

강진군 마량면 하분리에서
장흥군 회진면까지
버스 차비가 칠백 원이던 시절
찾아 뵐 때마다 백 원짜리 동전 일곱 개를 쥐어주던
손이 있었는데
딸그락거리는 동전소리가
영 귀찮기만 했다

하루는 웬일로 천 원짜리 지폐 한 장을 내주며
삼백 원을 거슬러 받으라고
신신당부하기에
간단한 셈도 못하는 줄 아느냐며
언짢은 기색 보이기도 했는데
잡초 무성한 무덤가에
무릎 꿇으니
귀를 울리는 맑은 동전소리
베개 밑 저승 갈 노잣돈 덜어 주던
무덤 속 따뜻한 손이
내 등을 다독인다.

지폐의 안부

부둣가에서 지갑을 열다가
만 원짜리 지폐 스물두 장을
바람에 날린 적 있다
푸른 갈매기들처럼
푸른 바다로 뛰어들던
이십이만 원,
내 욕망의 가치가 날아가버려
발 동동 굴렀는데
오늘 뉴스에서
팔십육만 원을 바다에 날린 사람
이야기가 나온다
지난 생각이 떠올라
슬그머니 지갑을 꺼내어
내 욕망의 안부를 확인해 보는
황당한 오후.

빈 손

시 하나 달라고
부자 되게 해 달라고
어머니 제사상 차려 놓고 애걸했다
옆구리 미어터지도록 짊어질 요량이었는데
말없이 꽃이 지고
향이 타고
메밥이 식는다

나보다 한 발 앞서
누가 내 소원을 훔쳐갔나

빈손이다.

불면 2

계곡에서 별을 안고 잠든 가재
물속에서 서서 자는 수초
길가에 앉아 노숙하는 꽃들도
갯벌에 엎드린 조개도
모두 곤한 잠에 빠졌다
인면조를 닮은 목에 사슬을 두른
네팔 여인도 잠들었다
그들은 모두 욕망을 초탈한 영혼들이다

어진 꿈을 품지 못한
나의 마른 잠이 부서지고
서식지를 옮기지 않고 있다가
어둠을 칸칸이 나누고 쪼개느라
밤이면 더 번식하는
잡념의 알갱이들

욕망이 자꾸
내 잠을 베어간다
아득한 종소리처럼 수면제를 삼킨다.

황룡강

출렁이는 청춘의 강
펄떡이는
심장소리

흘러가는 길에
슬쩍
노란 꽃 허리 한 번 쓰다듬더니

허물인 듯
자욱한 안개 속에
사랑을 벗어 놓고

포효하는 용 한 마리
여의주 물고 승천하는
황룡강

쉿, 우리 침묵하자

쉿,
봄바람의 숨결에 가만가만
언 땅을 밀고 올라오는 복수초 노루귀 원추리
고물고물 저 예쁜 것들이 놀라지 않게
쉿, 침묵하자
발아래 키 작은 나무 햇빛 가릴까
키 큰 나무는 아직 잎을 내지 않고
서로 맞닿은 쪽으로는 가지를 뻗지 않는다
속 깊은 말채나무
가을이면 먼저 잎을 떨어뜨려
키 작은 것들에 햇볕을 양보하고
모든 꽃들이 지고 난 상강에 피는
국화꽃의 기다림의 미덕
저 착하고 순한 것들을 위하여

거친 우리
몸 낮춰 침묵하자.

어떤 연금 계산법

죽음에도 품위가 있잖아

훗날 요양시설에 가게 되면
자식들 낯 생각해서
허술한 데는 갈 수 없고

자식들도 제 몫의 삶이 있어서
여력이 없을 텐데
그걸 축낼 수도 없고

만약에 당신이 먼저 하늘로 간다면
연금이 6할로 줄 텐데
그렇다고 여유로운 마무리를 위하여
내가 먼저 가는 것도 내키지 않고
그거 참
이 궁리 저 궁리
잠 못 드는 노년의 밤.

산이 된 여자

흙 묻은 호미를 씻으며
팽나무 그늘에 갇힌 여자
서로 보듬은 콩알처럼 사이좋게 지내자고
시심詩心을 달래보지만
누렇게 떡잎이 된 마음에는
콩꽃 하나 피어나지 않는다
시가 떠나버린 머릿속에는
식솔들 밥그릇 수만 가득하나

논배미 벼 그루터기 사이로
부서진 시구詩句들만 은빛나래로 흩어지고
먼 산 바라기 하다
산이 되어버린 여자
떠나지도 않았는데 종점이 보인다.

쓸쓸한 욕망

목걸이 귀고리 반지 팔찌
몸에 주렁주렁 단 보석을 지키느라
어디서나 가슴 조이며 CCTV가 된 여자
안경테 너머
그녀의 생이 무거워 보인다

이제는 허공에 매달린 나이
종이 한 장도 버거울 텐데
그녀는 무엇 때문에 생을
그리도 무겁게 짊어지는 것일까

그녀가 놓지 못하고
강아지처럼 끌고 다니는 욕망이
내 마음을 쓸쓸하게 한다.

개밥바라기별

이따금
가슴을 헝클어 놓는 당신은
나를 사납게 하다가
절망케 하다가
체념하게 합니다

파랗게 꾸짖는 당신
나는 돌처럼 굳어 표정이 없지만
초라함을 가리기 위해 하얗게 웃어요

내가 당신에게 빛나 보인 적 있나요
아름다운 기억마저 흐려지니
지난날을 복사해서 붙여야 할까요

저녁 밥상 밀어놓고 앞마당에 나서니
개밥바라기별이 아는 척을 하네요
저 별도 다투고 나면
새벽까지 뜬눈일까요

하늘 한 귀퉁이 붙잡고 떨어지지 않으려
안간힘을 쓰는
저 작고 애처로운 것이

내 눈물을 닦아주네요.

불꽃 정념

한번 쯤
그녀의 몸을 비집고 들어가
그녀로 살아보고 싶었다
그녀의 글과 서양화 한 폭으로
문신을 하고
세상에 깃발 하나 꽂고 싶었다

여자도 사람이다

핏물 같은 말

꽃이었으나 화인火印만 남긴
끝내는 입방아에 오르내리다 가시만 남은
한때는
말년의 고독마저 뜨겁게 받아 안고 싶었던
불의 여신

궤도를 이탈한 황홀한 자존

가슴 답답한 날이면
나혜석
그녀를 뜨겁게 소환한다.

안개

새벽이면 어린 물방울들이
흰 무명 이불 펼쳐 놓고
펄럭펄럭 장난을 치지
때로는
모닥불을 피우는 원시인들의
의식 같아
어느 먼 여행길에 선 듯도 하지

넋 놓고 바라보는 하얀 물의 뼈
몽환의 시간
갑자기 안개가 나를 에워싸더니 어디론가
길을 내어 가자 한다
어디로 갈까
어디로 헤엄쳐야
나의 무명이 조금씩 벗겨질까

생각이 잠시 한눈파는 사이
안개는 산속의 고사리며 노란 작은 꽃이며
연두 이파리들을 꿀꺽꿀꺽 삼켜버린다
저 무시무시한 허기

나마저 던져줘야 할까

차갑고 섬뜩한 안개

비로소 해가 뜨자
안개는 어디론가 숨어들고
내 안의 허술함 걷히네.

물의 분노

하늘에서 물폭탄을 쏟아 붓는다
물을 만만하게 본 사람들
물맛 한 번 제대로 보라며
번뜩이는 칼날에 하늘이 쩍쩍 금이 가고
검은 하늘에 화약 냄새 진동한다
가장 낮은 곳을 흐르며 낮은 것들의 발을 씻겨주던
착한 물이 분노조절장애에 걸렸다
창문을 쾅쾅 두들기고 부수어 대니 죄 없이도 두렵다
우리가 준비한 것은 알량한 재난문자 몇 개뿐
물은 순식간에 사람들의 목숨을 앗아가고
산을 무너뜨리고 도로를 끊어버렸다
애써 가꾼 농작물을 모두 삼켜버렸다
붉은 흙덩물에 휩쓸려간 목숨들이
풀빛으로 살아오길 기도했으나 허사였다
절망과 탄식을 담요에 둘둘 말아
뜬눈으로 날을 새는 이재민들
마른 눈빛에 발구를 힘조차 없는데
나랏님은 해외순방 중 연민 담아 걱정 말란다
당장 하늘 문을 닫아걸 능력이라도 있는 건지
국회에서는 위정자들 책임 공방 여전하고

선량한 시민들만 물의 선처를 바랄 뿐이다

진흙탕물에 쓸려가지 않은 건
휴대폰 속 재난문자

눈물 끝에 매달린 상처만 짓무른다.

절교선언

가벼이 스쳐 가게 두면 안 될까 이른 새벽 잠복한 편백나무 거미줄이 내 얼굴을 덮친다

정월 초하룻날 개한테 물려 무슨 날벼락인가 싶고 응급실 침대에 누워 한 해가 불안하던 날처럼 오늘 남은 하루가 불쾌하다 날카로운 개 이빨에 찢어진 외투며 병원비로 수십만 원 손해는 보았지만 비탈길을 한참 올라 산밑 외딴집에 사는 그녀와 절교할 핑계거리가 되었다 요행히 나를 문 개 이름이 반야였는데 불심 깊은 주인 따라 반야가 반야심경이나 외우지 왜 나를 물었는지 알 수는 없지만 느슨해진 내 불심을 죽비 치듯 주인이 보는 앞에서 보기 좋게 나를 물었다 질질 끌던 그녀와의 인연을 절단 내준 건 순전히 반야 덕이었다.

오늘은 노란색 왕거미를 핑계 삼아 온 동네 소문을 물고 다니는 그녀와 절교를 궁리 중이다. 나를 덮친 끈적한 거미줄은 그녀의 편백나무 숲 노란 왕거미의 소행인데 이름이 무당거미라고 한다 무당거미가 허공에서 칼춤을 추었는지 문신하듯 금강경을 새겼는지 알 수는 없으나 그 무당거미가 촘촘히 그물을 엮어 나에게 올가미를

씌웠다 싫어도 싫은 내색 못하던 내가 나를 문 개를 핑계 삼아 그녀와 결별했듯 오늘은 음침한 무당거미를 앞세워 소문이 칼춤을 추는 입이 가벼운 그녀와 절교를 생각 중이다 우유부단한 내가 단칼을 빼 든 건 편백나무 숲 불손한 노란무당거미의 급습 덕이다.

까마귀 떼

멀리
빨랫줄에 널린
검은 옷가지였다가
미역줄기였다가 김발이었다가
매생이발 혹은
바닷물에 흔들리는 파래였다

펄럭이는 도포자락 가지런히 접고
전깃줄에 앉아 잠시 휴식하던
블랙 신사들

까악 까악

숙명인 듯
가슴 저린 비명소리
서녘 하늘에 뿌리며
일제히 노을 강 속으로 뛰어든다.

제2부

한쪽 날개는 내가 그려 넣을게

거미줄

닭장 문을 열어주는데
거미줄이 와락 달려든다
얼마나 외로웠으면
이토록 끈끈하게 달려들까
밤새 이슬 맞고 기다리다가
나에게 와락 감기는 마음

나도
누군가에게 거미줄이 되고 싶은
불온한 아침이다.

V 자 계곡

독수리만 갈 수 있다는 그 곳
나도 정복하고 싶었지
하지만 내 어깨에는
참새의 깃털
희망이란 가벼운 단어는 없었지
한때는 날개에 엔진을 달까도 생각했어
하지만 욕망의 신기루를 던져 버렸지
비로소 생동하는 내 안의 것들
눈이 맑아지고
부리는 단단해지고
날갯죽지 튼실해졌지
가지 않아도 훤히 보이는
V 자 계곡
여기가 거기였어.

새의 날

나는 전생에 새였을까
슬픈 날에는 하이힐로 보도블록을 콕콕 쪼아 먹지
집에는 부리 없이도 먹을 게 많지만
뾰족한 부리로 구름을 쪼아대지
날고 싶은 욕망이
새의 본능을 따라하지

쿵 ! 하고 떨어지는
착한 구름
부풀어
빵이 되는 구름

떨어진 구름 조각이
내 하이힐 굽에 달라붙지
새의 발이 하이힐 굽을 닮은 거 알아?
하이힐 굽은
새가 되려는 나를
터트리고 말지

하이힐 내 부리 다 닳아지면
전생을 살까

흰색 하이힐 신고
새의 길 나선다.

꽃눈을 따다

입술 꼭 다문 꽃봉오리가
무슨 말을 하려고 한다
살포시 눈 뜨려한다
연한 입술이
봄바람 기침소리에 놀라
터질 것만 같다

성큼 다가 선
나의 미안하고 큼큼한 눈빛을 눈치 챘을까
갑자기 사과나무의
마음이 캄캄해진다

여린 입술을
똑 똑 따내며
생은 피기도 전에 마칠 수도 있는 거라며
구차한 변명 앞세워 보지만
실은
튼실한 명품과일을 얻기 위한 욕망으로 솎아내는 것
먼발치 눈치 빠른 감나무 살구나무 낯빛이 파랗게 질린다

문득
솎아낸다는 말이 무섭게 나를 휘감는다
사람과 사람 그리고 AI
어디선가 검은 손이 내 꽃눈을 똑똑 따내고 있는 건 아닌지

아찔한 현기증으로 노랗게 주저앉으며
떨어진 꽃봉오리들과 함께 서로 얼굴 부비며 울었다.

한 쪽 날개는 내가 그려 넣을게

아득한 앵무의 날개를 파득거려 보지만
앙다문 입술만 날아갈 뿐
고요를 업고 저녁을 건너는 능선에
넘지 못한 구름만 걸터앉아요

날아올라야 하는데

또글또글 블루베리 알갱이 빛깔처럼
깊어진 수심
누가 나를 달달 끓여 잼이라도 만들어 주길

식어가는 석 달 열흘치의 힘을 모아
또 한 번 파득거려 보지만
또다시 내려앉는
냉각의 노래

이대로는 안 돼
솜사탕처럼 부풀어야 돼

애절한 부름에도

기어이 멈춘 너의 노래
 편히
 쉬어

바람에 찢긴 한 쪽 날개는
내가 그려 넣을게.

허문 정

끝까지 뜨겁자 했다
인연의 탑 높이 쌓자 했다
우리가 지금 하는 일이 의미 있는 일이라서
견고하게 성을 쌓으며
헛되지 않길 바랐다

간절해서 조바심이 컸나
도원결의는 거북등처럼 벌어지고
깊게 패인 밤의 웅덩이에
발이 빠지고 말았다
가슴에 바윗돌만 올려놓은 채
우르르 무너지는 탑
오늘은 늘 아쉬움뿐인 게 인생이지만
어금니를 깨물며
너를 삭제한다

차근차근 쌓지 못하고 벽을
허문
정

생각을 가볍게 피워내지 못한
헛꽃이었다.

축제장에서 영정사진을 찍다

피어 날 순번을 손꼽아 기다려 온 국화꽃 송이송이
축제장은 트로트가 흥건하다
손끝에서 자란 분재들의 오묘한 품격
땡볕에서도 미인 국화들이 줄지어 웃는다
거대한 탑과 궁궐 그리고 뽀로로와 재롱둥이 동물들
무너지지 않으려고 국화화분이 텀블링을 견디고
나는 꽃천지에 발 디딘 환함으로
향기를 귀에 걸고 사진을 찍는다

"안 이쁘구먼! 못 쓰겄어."

사진 좀 찍어 달라는 부탁에 고개 젓는 어르신

꽃도 나도 한껏 치장을 했는데
안 예쁘다니
당신의 사진 찍는 솜씨가 어설픈 줄 알며
핸드폰을 건네받았는데

정작 죽은 당사자는 보지 못할
장례식장에나 걸려 있을 내 영정사진이다

지층에 묻히기 전
선한 인연들에 마지막 인사를 나눌
훗날을 미리 앞당겨 본 사진

어디선가 마음 내키지 않아
관속에 들어가고 유서를 남기는 임종체험
미뤘었는데
우연히 마주 한 내 마지막 사진
쓸쓸히 바라보다 삭제하는데
벌 나비인 양 온몸에 꽃물 들이며
날아다닌 하루가 숙연하다

국화꽃 속 포토샵
네모진 틀에
함부로 얼굴 내밀고 사진 찍을 일 아니었다.

넉넉한 밤

남들이 잠으로 밤을 축낼 때
나는 불면으로
밤이 넉넉하다
밤 대신 머릿속이 어두워서
나의 밤은 환하다

'여기 잠 못 드는
또 한 밤
추가요'

손에 쥔 게 없어
허연 밤의 뿌리를 안고 뒹구느라
잠 못 드는 밤 또 한 켜를 쌓으면서
차곡차곡 늘어나는
밤의 평수

오늘도 잠을 공중에 매달고
슬픈 곡예를 하는
밤의 재벌

차마 나눠줄 수도 없는
차고 넘치는 밤 .

세 치 혀

사람과 사람 사이가 벌어지지 않기 위해
나는 혀에서 춤추는 말들을
우물우물 삼켜 버린다

목울대에 걸린 나의 말들은
'저도 꽃 피고 싶어요'
애처롭게 아우성친다

어둠 속에서 방향도 없이 날다가
고꾸라지는 나의 말들
덕분에 나는 아직
이웃들과 사이에 틈이 없다.

보리차를 끓이다

한밤중 잠이 깨어 꼬물거리는 생각들
형광등 불빛을 끌고 일어나 보리차 한 주전자를 끓인다
렌지 위에 올려 진 주전자처럼 발 동동 구르며 산 날들
이제는 밤이라고 잠을 자고 낮이라고 일어나야 할 이유가
딱히 없어진
범람하는 일상의 시간들
하하거리던 꽃들도 얼굴을 묻고 온종일 파헤치기만 하던
닭들도 횃대에 올라 꿈을 찾는다
TV와 탁자는 참선중이고
창문을 새어나간 불빛만이 어둠을 구경한다
내 눈은 사물을 스캔할 뿐, 저장하지 않는다
저장되지 않은 사물들이 끓는 주전자 속에 뛰어들어
상념들을 어지럽힌다
삶의 진국도 주전자 속 물처럼 펄펄 끓고 난 후에야
맛볼 수 있는 일
따끈한 보리차 한 잔을 따르니 벽에서 내려 온 달마가
손을 내민다.

정착하지 못한 시간 때문에

우리는 늘 가야 한다
정착하지 못한 시간 때문에
두 발로 가다 안 되면
네 발로라도 기어서 가고
지팡이를 짚고서라도
가야 한다

시간의 꼬리를 자르는 낫을 들고
시간을 멈추는 신호등을 세우고
시간을 가둘 벽돌집을 짓느라
둥근 사다리를 놓아보지만
용케 달아나는
시간의 무리들

잠시 앉아 쉬고 싶지만
저 멀리 울고 보채며 따라오는
시간의 신생아들
나이 든 시간은 고정관념이 되지 않기 위해
등 떠밀리며 또 가야한다
앞장선 시간을 따르다

순교자처럼 절벽에서
뚝뚝 떨어지기도 한다

숨 가쁘게
달음박질치는 시간이여
우리 함께 쉴 수 있는
그대의 안식일은 언제인가.

스물네 살

방울토마토 먹을 때는
물 튀지 않게 입을 잘 오므려라
화단에 튤립 싹 밟지 말고

스물네 살 딸에게 하는
당신의 당부

문득
내 스물네 살을 생각한다
그 푸르렀던 날들
당신이 나를 꼬드긴 게
바로 그 나이였지

스물네 살의 나는 숙녀
스물네 살의 딸은 철부지로 보이는 것일까

당신의 걱정은 노파심일 뿐
그날의 당신처럼
딸을 꼬드길 청년이

어디선가 넥타이를 매고 있다는 걸
당신은 아시는지.

아버지의 유산

아버지의 지문이
석탄가루로 만들어진 줄도 모르고
배급 나온
푸른 도장 찍힌 보리쌀을 타박했다
아버지 어깨에
육 남매의 목숨이 얹혀 있어
석탄 캐는 삽질을 멈출 수 없었던
도계탄광 막장 선산부
석탄가루가 생명을 갉아먹는 줄도 모르고
헤드라이트
우리 가계의 길을 밝혔다

요양원에 누워
산재 환자 팔찌 차고
죽음을 세던 아버지
혼자서는 돌아눕지도 못했는데
저승길은 어찌 갔을까

장례비, 유족 위로금

마지막 가시면서도 우리에게
유산을 남겨 주셨다.

강의 길

첫걸음 떼던 날도 울며 갔는가

강은 왜 산골짝부터
눈물로 시작하는지
옷고름 풀며 가는지

지나온 내 생도 축축하여
옷깃 젖으니
나도 강물인지
눈물인지

굽이치며 흘러
푸른 바다가 되는 강물처럼
내 눈물 또한
요동쳤으니
펄쩍 뛰어올라
햇살 한 줌 베어 먹는
물고기처럼
앉은자리 박차고 일어나
꿈 한 자락 덥석 베어 문다.

망고

셋째 사위가 망고를 보냈다
마실 온 이웃 할머니께 내어 드렸더니
마을 역사와 무성한 소문은 다 알아도
산등성이처럼 등이 굽도록
망고를 모른다

오메, 맛은 좋은디 워째 갑오징어 뼈가
여기 박혔을까잉~
망고헌티 갑오징어가 맬없이 잡혀 멕혔는가베
참말로 무서운 과일일시

할머니의 말씀에서 달콤한 망고 향이
노랗게 피어나는데
첩첩산중 선유동 골짜기에서 일생을 다한
외할머니 겹쳐 보여
코끝이 맵다.

고스톱 치는 날

세찬 바람이 들판을 가로지르자
장맛비가 후두둑 달려온다
시골농가에서는 날 궂는 날이 공휴일
강씨 박씨네 부부가 홍씨네 과수원을 찾아 고스톱을 친다
촌닭 백숙에 호박부침개로 영양보충을 하고
장맛비 덕에 즐기는 유희
노동의 고단함을 지우는 시간이다
어깨 너머 습득한 요령으로 남의 패를 엿보며
나도 한 판 뛰어들고 싶지만
음주가무 유흥 어디에도 밀어 넣지 못한 나의 이력은
오늘도 선뜻 끼어들지 못한다
누가 이겼는지 졌는지 나는 셈도 하기 전인데
빠르게 패를 섞는 두뇌회전
부러 경찰에 신고한다 농을 던지니
100원짜리 고스톱은 경찰도 왔다가 그냥 간다며
강씨가 기름지게 웃는다

묻어간다는 말
물들어 간다는 말은
서로가 서로에게 스며

당신과 나의 경계를 허무는 일

사과 얼굴 말끔히 씻어 주던 장맛비가

우리를 넉넉히 품어 안는다.

고추무침

구내식당에서 밥을 먹으며 무심코
"고추가 참 맛있네" 했더니

"내 고추도 먹어"
"내 고추도 먹어"

킥킥 웃으며
서로 자기 고추접시를 내밀던
남자 직원들

뒤늦게 상황 파악하고
내 얼굴
홍고추 되었었는데

직접 기른 고추
갖은 양념에 참기름 한 방울 떨어뜨려
조물조물 무치다 보니

얼얼한 농담도 스스럼없이 주고받던

그 시절을 다시 살고 잡네.

고집 센 늙은 호박

늙수레한 아주머니가 당신만큼 나이 든 호박 너댓 덩이
농협 앞에서 팔고 있다
아주머니 궁둥이만큼 펑퍼짐하고 큰 호박은 만져만 보고
반 덩이는 죽을 쑤고 반 덩이는 석봉이 엄마처럼 곱게 썰어
냉동실에 넣어 둘까하고 육천 원짜리를 사려다
삼천 원짜리 사발만한 것 하나를 샀다
집에 돌아와 칼질을 하는데 웬 호박이 이리 고집이 셀까
칼이 들어가지 않는다
호박도 늙으면 사람처럼 고집이 세어지는구나
불끈 힘을 주어 굳은살 단단한 호박을 반으로 뚝 잘라 보니

붉은 자궁 속에서 하얗게 내다보고 웃는
아기 씨앗들

어미의 고집이 센 이유를 알 수 있었다.

환하다

배춧잎 한 장에 배가 부르고

배추 한 포기에 생이 환하다

평상에 누우니

나는 좀 더 큰 애벌레일 뿐

소탈한 내 생이 그저 환하다.

지상 낙원

나는
마실 온 새들마저 쫓아내며
알곡 거둬 곳간을 채우는데
당신은
풀씨에도 물을 주고
햇빛을 나눠 주신다
경계를 만들 줄 모르는
당신 참 바보다

더는 거둘 게 없어
텅 빈 밭이랑
찬 서리가 내리는데
당신의 무성한 밭에는
오순도순 모여 앉은 풀꽃들
알을 까고 집을 짓는 풀벌레들

내가 손바닥만 한 땅을 후벼 파며
욕망을 캘 때
당신은 지상의 낙원을 건설하셨다.

제3부

누가 피리 좀 불어줄래?

죽은 새의 깃털

밤새 한파가 몰아치더니
새의 깃털이 방문 앞에 널려있다

고양이의 기습을 받은 걸까
불길한 예감을 껌처럼 씹는데
정자 옆에 불을 피운 자리 선연하고
새의 깃털 마구 날린다

팔순 넘은 그 영감이
새마저 몸보신으로 구워먹은 현장에서
기회를 엿보던 길고양이거나 굶주린 개가
잽싸게 물고 와
우리 집 문 앞에서 허기를 채운 모양인데

펄펄 날뛰었을 영감의 욕망을 낚아채 온
개이거나 고양이

조금은 고소하기도 한 날이다

누가 피리 좀 불어줄래?

초록 잔디 초록 나무
초록 푸성귀
새들이 물고 온 노래마저 초록인 집
그 초록 바다 한가운데 정박해 있는
나는 쓸쓸한 배 한 척

누가 와서 피리 좀 불어줄래 ?

나는 피리 소리에 취해
가슴에 묻어둔 분홍빛 그리움을
먼 바다에 띄우고 싶어
봉숭아 꽃물 든 손가락의 추억
시리게 흔들고 싶어

나를 위해 피리를 불어주는
미지의 그에게 .

오래 오래

아이들의 손때 묻은 피아노가
낯선 사내의 파란 트럭에 실려
산모퉁이를 굽어갈 때
내 눈은 오래오래 따라가고 있었다
방만 차지하여
책꽂이를 놓자고 한 일인데
인연 다했다고
모질게 떠나보내고 나니
바이엘 소나티네
아이들 여린 손가락이
건반 위를 통통 튀어 오른다

먼지처럼 풀풀 날리는
애증
그예 한바탕
소나기 내려 긋는다.

원점

마음 보타지며
달려온 곳이 여기라니

슬프게도 우리는 사랑이 커서
양귀비꽃처럼 미워했고
서로에게 상처를 주면서도 슬프지 않았다
돌아보니 새파란 날들이 휘청거린다
그립지 않았던 그대를
이제야 그리워한다

참 멀리도 돌고 돌아 온 곳이
이곳이라니
점 하나라니.

감자꽃병

소주잔에 감자꽃을 꽂으니 꽃병이 된다
무엇을 담느냐에 따라
꽃병이 되기도 소주잔이 되기도 한다
상처 고인 나를 비워 무얼 채울까
꼭두새벽 맑은 별 고인 옹달샘물 길어다
파문조차 일지 않는 착한 정화수가 되고 싶다.

5월

저 펄럭이는 깃발 아래
깔려죽은 이름 많아요
더러는 눈 뜨고 일어나기도 하지만
대부분 숨을 거두죠
눈 뜨고 일어나는 강인한 이름
그 노래 얼마나 맑은지 아시나요

소나기처럼 울던 이름
5월의 등에 붉은 장미로 피어나요
진정한 승자는 펄럭이지 않는다며
온화한 미소 짓는
향기로운 전언

오래 된
시간의 낙하
여전히
뜨겁게 피어나네요.

그만 총을 버려요

당신은 말끝마다 총알을 장전하고 있죠
보호라는 명목 아래
내 여린말에 마구 방아쇠를 당겼어요
죽었을까요
여린말들은 방탄조끼를 입었고
방탄조끼를 입고 자란 나의 말들은
내성이 생겼어요

깨진 얼굴에서 쏟아지는 웃음이
오죽하겠어요
파편처럼 날아
마음 한 자락 베어냈지요

이제 당신의 거친 말들이
물컹거려요
그만 총을 버려요
총으로도 평화가 오지 않아요.

장미꽃 병풍

넝쿨장미가 검은 철제 대문을 넘어 붉은 벽돌 담장을 타고 올라요 손길이 닿을 때마다 하하 웃으며 피어나는 장미꽃숭어리들 가시는 순결을 지키는 은장도인가요 누군가를 해코지하는 무기인가요 가시는 꽃바늘이 되어 담장을 수놓아요 담장은 금세 동양자수가 놓인 꽃병풍이 되어요 나는 꽃병풍 속에 들어가 나비가 될까 새가 될까 궁리하는데 가시가 내 영혼을 찔러요 내 눈가에 이슬이 맺히자 파랑새 한 마리 날아와 담장을 초록 울음으로 가득 채워요 나도 따라 파랗게 울어요 내 울음이 누군가의 위로가 될 수 있느냐며 장미가 물어요 난 어설프게 고개를 저어요 그렇다면 꽃병풍을 쳐 줄 테니 첫날밤의 행복을 소환해 보라고 넝쿨장미가 등을 다독여 주어요 나는 눈물을 닦고 병풍 아래 다소곳이 신부가 되어 사랑스러운 눈길로 다시 한 번 당신을 보기로 했어요.

광주의 불빛

톨게이트에 들어서자
맨발로 달려 나오는 불빛
갑자기 배가 고프고
잠자던 사투리가 튀어 나온다

영산강 밤바람이 몰고 오는
밥 냄새
무등산 샘물에 밥 꾹꾹 말아 먹고
뜨끈한 숭늉 한 사발 들이켜고 싶다

이제나 저제나
밥 한 그릇 아랫목에 묻어두고
집 나간 자식을 기다리는
입석대 서석대

광주의 불빛만 봐도
배가 고프다

날 밝으면
무등산 발목 아래

붉은꽃 배롱나무나 심어 볼까
무등산 푸른 머리칼에 '민주'라고 쓴 흰 머리 띠
질끈 동여매 줄까나

달려오는 광주 불빛에
조기떼처럼 사투리 살아서 튀는
그래 그래 나는 천상
전라도 가시내.

김나는 밥상

그가 집을 비우자 내가 한 일은
마른 빵에 잼을 발라먹는 일
밥솥도 찌개냄비도 휴가를 주고
소파에 누워
이따금 걸려오는 전화를 받으며 게임도 즐기고
TV를 보았지
영화를 보러 가자는 친구도 물리치고
지금 이곳이 천국이라며
컴퓨터를 두드렸지

밥을 하거나 국을 끓이지 않아도 되는
달콤한 자유
사흘간 빵만 먹다보니 서서히
밀가루 냄새가 역겹고 뜨끈한 국물에
찬밥 한 덩이가 그리웠지

나를 귀찮게 한 그 사람이
뜨끈한 밥이고
국이었구나

그가 돌아오자마자
펄펄 김나는 밥상이
나보다 먼저 달려 나간다.

다시 피는 해바라기

가슴 칸칸이 박힌 어리석음이 알알이 쏟아지는 상상만으로 나는 다시 피는 해바라기가 되지 유혹을 겁 없이 덥석 문 상심 입 벌린 동굴처럼 깊고 크지만 눈물범벅으로 파랗게 질리던 날도 노랗고 둥글게 피워내는 게 나의 소임 낯 뜨거워 더는 태양을 따라 돌 수 없는 해바라기처럼 한동안 그을음을 안고 허방을 헤엄친 아둔함도 간절히 간절히 푸른 기도 올리면 아침이 다시 아침으로 돌아오듯 녹색의 푸른 기둥 불끈 세워 파아란 숨소리로 피어날 해바라기

탈 탈 탈

지금은 나를 위한 탈피의 시간

견고한 갈색 고집 털어낸 자리 환하고 소담스럽게 피어나는
해바라기 물오른 내 얼굴

주인공

소파와 TV가 마주보고
그 사이에 다정한 탁자가 놓여있는 배경
황토방에서 나온 여자가
식탁을 지나 싱크대 앞에 선다
창문을 들여다보는 감나무와
사시사철 눈 맞추며
늘 같은 시간 같은 블라인드를 올리는
역할이지만
더러는 소프라노와 알토의 음계가 오가고
독백을 하기도 한다
눈이 많이 왔다고
바람이 거세고 비가 온다고

생의 마디마디 갈등도 깊었으나
이만하면 됐다고
오늘도 주인공이 된 그녀는
흘러내린 머리를 쓸어 올리며
배역에 충실하다.

공생

산에만 올라가면 고사리가 있고 두릅이 있는 줄 알던 내가
눈이 트이자
산 밑 뙈기밭에 서리태도 심고 옥수수도 심었다
아마존 원주민처럼 맨발에 민낯
일 년 내내 입은 고무줄 바지
생이 헐렁했는데

풍년가를 너무 일찍 불렀나
서리태 푸른 싹은 고라니에게
옥수수 알갱이는 익기도 전에 새들에게
보시 당했다

그나마 텃밭에서 거둬들인 푸성귀
반찬값 좀 덜까하여 자식들에게 보내니
쓰레기만 되니 보내지 말란다
이웃 나눔 하려해도
누가 누굴 믿고 먹느냐니

선견지명으로
맛있게 먹어 준 새야 고라니야
참말 고맙다.

황토범벅

늙은 엄마의 가슴팍처럼 팍팍하던
가풀막 고구마밭
장맛비 온 뒤 가 봤더니
모처럼의 해갈에
벌겋게 취한 황토밭
잔칫집이다

덩달아 불콰해져
집으로 돌아오니

취한 김에 따라 왔나

입이 가벼워
주변을 아수라장 만드는
그녀처럼

현관이 온통 황토범벅이다.

항복

감당 못할 풀 대신
꽃씨나 뿌려야지
유기농 채소 좀 먹겠다고
여름 내 잡초와 씨름했건만
내 입에 들어오는 건
벌레들이 먹다 남긴
구멍 숭숭 뚫린 푸성귀

상전인 양 내 알곡을 먼저 맛보는
참새 까치 직박구리
여름내 뜨거운 피를 보시해도
헌혈증서 하나 주지 않는
인색한 모기들
모두 제 몸보다 간이 더 크다

간 작은 내가 두 손 들어 항복한다.

1.

도도한 직립에 경배하지만
물러서거나 누울 수 없는
고독이다

세상은 1등이 되기 위한 아우성
청순한 나무도
무지한 전봇대도
1을 추종하느라 꼿꼿이 섰다

신화시대부터 지금까지
하늘을 떠 바치고 있는
신전 기둥
그도 1이다

단 한 번 쓰러진 적 없는 그도
여자 앞에서는
백전백패 당하는

장렬한 전사여.

제4부

꽃 귀라도 열렸으면

꽃 귀라도 열렸으면

시장기 돌아도
구름 한 장 뜯어 먹을 줄 모르는
해는
융통성 없는 엄마를 닮았네
오늘은 다리가 많이 저린 지
구름 위에 슬쩍 올라앉았는데
슬그머니 웃기만 할 뿐
잠긴 말의 둑을 열지 못하네
하늘 길 걷고 또 걸으며
지금도 속마음을 삭히고 있을
엄마
진종일 푸른 강을 건넜는지
온 몸에 강물 냄새는 얼마나 배였는지
당신의 읊조림 나지막이 들을 수 있는
꽃 귀라도 열렸으면.

낮은 자리

어떤 자리
어떤 화목에도
누군가 숨어서 흘린 땀방울이 스며있고
한 번 더 놀린 손짓이 있고
자신을 낮은 자리에 놓은 사람이 있다

어머니는 오늘도 아랫자리에 앉으신다.

요리의 달인

어머니, 간이 안 맞는데 어쩌지요?

뭘 어째야.
싱거우면 소금 더 치면 되고
짜면 물 좀 더 치면 되지.

심장을 찌르다

뱃부 온천을 보기 전까지는
사람들은 죽어 모두 하늘나라로 가는 줄 알았다
모락모락
뭉게구름으로 피어나는 하얀 수증기
곳곳이 진풍경인 이국땅 작은 마을에 이르러서야
어머니 여기 땅속에 계심을 알았다
이승의 연 놓지 못해
바다 건너 먼 이국까지 따라와
땅속 장작불 지펴 목욕물 데워주는
어머니
나는 한겨울밤 별을 세는
어머니의 아이가 되어
양수인 양 노천탕을 헤엄쳤다.

짜르르
노천탕 대나무 그림자가
심장을 찌른다.

내 기도발인 줄 알았더니

명절 때마다 딸 셋 앞세우고 시댁가면
'저 중에 고추 달린 놈' 하나만 있었으면
입에 달고 노래하던 당신들께
고추 달린 놈 하나 떡하니 낳아주었다

시골에서 올라 와 백만 원을 쥐어주며
이놈 뒷바라지는 내가 한다 큰소리치시던 분
사랑만 남기고 저 세상 가셨다

속 모르는 사람들은
아이 넷이면 능력자라 염장 지르고
애국자라 추켜세우는데
은퇴 후에도 늦둥이 뒷바라지 하느라
허리 휘는 속내를 알기나 할까

그래도 장성한 아들은 내 기도발이라 큰소리 쳤는데
어느 날 베갯잇 빨래하다 나온 은도끼
분명 친정엄마 소행 분명한데
곰곰 생각하니
고추 달린 놈은 나보다 당신의 기도발 덕

이제부터는 내 기도발이 빛을 발할 때
고추달린 놈 장쾌한 호걸로 세워보겠네.

*아들 못 낳는 사람이 베갯잇에 은도끼 넣어두면 아들을 낳는다는 속설있음.

무죄

은발의 청춘
누구도 나한테 할머니라 부르면
호통을 치지만

당돌한 너희에게만은
허용한다

꽃 같은 내 손자들아.

너희가 내 꽃이다

생은 늘 허덕이고 초췌했지만
나의 드센 기, 인내와 성실만은 견고했다
여유로운 생 창조하진 못했지만
늘 너희에게 줄 사랑 한 스푼 대기하고 있었으니
진액 빠져 삭아 내린 몸
너희에게만은 떳떳하다

자식들아 늘그막에
바람 새는 구멍 막아주어 고맙다

너희가 내 꽃이다.

옛집

충북 괴산군 소수면 고말귀
꽃 궁궐을 이루던 마당가로
군내버스가 지나간다
도로 확장으로
마당 한 뭉텅이 잘려나갔다

늙은 등 내어주던 살구나무
처마 밑 낙숫물을
동전인 양 받아 모으던 작은 손
엄마가 촘촘히 따준 양 갈래 머리로
대청마루에서 집을 보다
까치발로 달려 나가던
예쁜 귀도
이제는 잘렸다
나를 에워싼 구름이
강강수월래 하던 너른 마당
마당 한 뭉텅이 베어 물고
달려가는 군내버스
추억이 종종종 따라 간다.

아름다운 노숙

뭉게구름이 너무 예뻐 넋 잃고 바라보다
벤치에서 깜박 잠이 든
어린 왕자
친구들은 노숙자라 놀렸다지만
아들은 꿈속에서
뭉게구름 타고 놀았다지
아들의 꽃잠에
새들은 잡음을 물고 멀리 날아가고
책가방이 조용히 보초를 섰다지
나무는 그늘을 드리우고
조용히 몇 장의 연서를 썼다네

고개 들어 뭉게구름을 바라본 게 언제였던가
순수한 아들의 세상으로 돌아가고 싶다.

빈집

사람의 흔적을 남기려고 거미줄부터 거둬내요
움켜잡고 뽑아내기엔 잡초들이 너무 컸어요
잡초들이 드센 기상으로 바짓가랑이를 잡아당겨요
한걸음도 뗄 수 없다면 사람이 아니죠
켜켜이 쌓인 먼지를 세상 밖으로 날려 보내고
나무계단에 걸터앉아 달콤한 휴식을 취해요
당신이 뭐라 하던 바람이 뭐라 하던 텃밭에서
반짝이는 배추 무 쪽파 열무 시금치 가을꽃처럼
매달린 빨간 고추
나 없는 시간에도 꽃들은 피고 지고 열매 맺고
얼굴이 희디 흰 누군가가 맨발로 다녀갔다고
나 아니어도 자기들끼리 고요의 시간을
서로서로 윤내고 있었다고 여덟 살밖에 안된
느티나무가 어른스럽게 그늘을 넓혀요.

관절염을 앓다

뚜둑 뚝 뚜두둑
몸을 움직일 때마다
누군가가 내 안에서 노크를 해요
내 몸 어느 문을 열어달라는 걸까요
처방받은 관절염 약을 먹고
얼굴이 퉁퉁 부었어요
나는 그만 캄캄해져요
물에 잠긴 발목으로 얼마나 더 걸을 수 있을까요
문을 열어 달라 아우성치는
내 안에 갇힌 누군가가
작살로 나를 공격하는 걸까요
어느 문을 열어줘야 그가 달아날까요
관절을 다독이며 문을 열어주려 하지만
나도 문의 비밀번호를 알 수 없어요
내 얼굴에 죽 죽 금을 그어대는
내 안의 누구에게
제발 이제 휴전의 깃발을 꽂자고
간절히 협상하고 싶어요.

가난을 지우는 밤

옛다 금수저!

자식들에게 턱하니 금수저를 물려주지 못해
미안한 밤이다

문밖에는 새잎 돋아 천지에 초록초록 쌓이는데
버드나무처럼 축축 늘어지는 몸
애먼 봄바람을 물어뜯다가
날 새며 신축 아파트
몇 채 쌓아올렸는데

태양과 대지가 자신의 관이라던
장자의 호탕함에
나동그라지고
나동그라지고

눈치 없는 멍텅구리 가난을
밤새 지우고 또 지워보지만
자식들에게 딛고 일어설 발판하나
마련해줄 수 없어

늙은 나이테만 말아 안는
쓸쓸한 밤이다.

닭의 눈

식사 중 볼 안살을 씹어
입안에 상처가 생겼다

고기반찬이 부족했다며
웃어 넘겼지만
상처는
1 주일이 넘도록 낫지 않았다

백태 낀 상처를 보고
닭의 눈처럼 생겼다던
엄마

오늘은 엄마 생각에
자세히 본 적 없는
닭의 눈을
입안에서 찾네 .

대상포진

장난감 기차처럼 실핏줄을 타고
돌다가
간지럼을 태우다가
한 땀 한 땀 문신 새기듯
콕 콕 찌르더니
작은 물방울 붉은 띠를 만들어
열이 가쁘게 오르내린다

꼭 내 나이쯤 많이 온다더니
문 앞에서 기다리고 있다가
어김없이 덥석
허술한 내 육신을 문

독한 약 기운에 구름 타고 놀다보니
그래도 정이 가는
붉은 악마

육남매

따끈따끈한 추억을 물고 친정붙이 육남매가
속리산 법주사 주변 펜션에 둥글게 모였습니다
물결 트지 않아도 물결치는 형제애
내 좁은 등에 업혀 꽃잎처럼 잠들던
어릴 적 귀여움은 어디 다 감췄을까요
술 한 잔씩 건네는 중장년이 되어
구슬처럼 꿰고 싶은 말들이
시간과 시간을 겯고 밤을 건넙니다

삼겹살을 굽고 커피콩 빵을 구우며
우리가 어머니 자궁 속처럼 따끈따끈한 건
서운함은 입안에 가두고
서로를 위해 하회탈처럼 웃어주는 일

환하게 꽃피운 오늘을 오래오래 잡고 싶지만
마주보고 밥 먹는 평범한 일상이
시간을 쪼개야만 할 수 있는 어려운 일이라서
내일이면 또 다시 뿔뿔이 흩어져야 하기에
사랑꾼 막내가 끓여주는 오리 누룽지 백숙으로
허한 속을 달래 봅니다

목울대 뜨거워져
하늘나라 푸른 옷 입고 달려오신
부모님의 화신
가벼우신가요

맑은 바람이 푸른 종을 울리는 밤을 지나
우리 육남매 법주사 경내를 돌아보며
미륵불님 머리끝에 둥근 기도 하나씩 걸었습니다.

촉새의 귀환

언니들의 비밀을
쏙 쏘옥 물어 나르던 막내딸은
대 여섯 살이 되면서부터는
입문을 걸어 잠갔다
촉새가 날아오지 않는
빈 들녘이 된 가슴은
예쁜 배신이 못내 그리웠는데
오랜 만에 SNS에 올린
아들의 반성문 같은 글을 퍼 와
나를 울린다
절대로 말하지 말라는 말은 여전했지만
눈치 채지 못한 아들의 가슴을
대신 열어 보여준 촉새 딸의 귀환에
마음에는 때 아닌
훈훈한 꽃바람이 불었다 .

날개를 부딪치며 쓴 새의 문장文章 또는 타투의 문장紋章

노 창 수
(시인 · 문학평론가)

1.

허문정 시인으로부터 시집을 기획한다는 소식을 들은 지 한 달 후였다. 그가 펴낼 작품집 중의 몇 편을 내 메일에 부쳐와 그 출간 의도는 비로소 실제화 되었다. 그 무렵은 연일 33도를 넘을 만큼의 무더위가 덮치고 있었다. 그렇게 힘겹게 견뎌내던 그 힘은 그늘을 찾듯 또다른 가장자리로 몰리기 일쑤였다. 이빨조차 다 빠지는 듯한 무기력이 무겁고 뜨거운 무기질로 변해 흐물흐물 물러지는 판국이었다. 그는 좀 시원해진 때를 기다려 늦게 써도 된다는, 그 특유의 배려심으로 편안한 평설의 과제를 필자에 언뜻 주었더랬다.

그와 나는 '죽란시사회'에서 같은 동인으로 만나 무릇 시에 대해 논의하기도 하고, 문단에 대한 저간의 소식들을 나누며 꽤 오래 교우해 오고 있는 터이다. 그가 우리 동인회를 위해 묵묵히 견뎌오며 자신의 소임을 다한, 말하자면 진짜배기 시인이자 실무형 업무 타입인 사람 그 자체였다. 처음에 그는 수필 쓰기로 문학의 길을 들어섰지만, 우리와 활동하면서 시로 재등단한 이른바 양수겸장의 문인이다. 한데, 사실 필자는 시 쪽이 더 좋이 읽혀져, 모 신문 '아침을여는시'에 소개하기도 했고, 문예지 계간평 때 그의 시를 인용해 긴 평을 쓰기도 했더랬다. 또 대학에서 '작문' 시간이나, 평생교육원 '시창작 강의'에도 그의 시를 두세 편씩 골라 텍스트로 삼은 적도 있다. 그는 수필 또한 꾸준히 쓰고 있는바 우수작품으로 선정되어 수필문단에 잘 알려진 바도 있다. 또 한 가지, 우리 동인회가 문화재단 지원금을 받은 일, 그 응모과정과 결과처리를 요령껏 잘해 모임의 살림을 부쩍 키운 공력 또한 이 자리를 빌려서 이야기하지 않을 수 없다. 하여, 한때 우린 그를 칭찬의 상단賞單에 올려 '허문정 만세'를 외칠 때도 있었다. 이런 그의 숨은 공 때문에 아마도 최장수 사무총장으로 고생만하지 않았나 하는 생각이다.

2.

그의 말마따나 드디어 9월로 접어들었다. 아직 좀 덥긴 했으나 견딜만하여 메일을 열고 송고된 작품들을 출력했다. 나는 그의 귀중한 원고에 대하여 사전보안이 걱정된 나머지, 본격 평설을 쓰기 전 그러해 왔듯, '복사방지용지'No Copy Paper를 이번에도 사용했다. 왜냐하면 이 글의 초고를 여러 번 고쳐나가 다수의 파지를 만들 거란 지례의 그 생각 때문이다. 이런 과정에서 그의 작품을 찬찬히 읽다가, 번쩍 자신의 이름을 패러디한 「허문 정」에 첫 눈길이 멈추었다. 이 '허물어버린 정'이란 게 전라도 식으로 말한다면 너와 나, 그 범절 같은 걸로 쨈매진 관계를 그만 끌러버리는 그 '무장해제법'이 아니던가. 뭐, 다들 제 잘난 멋으로 무게와 권위만 잡는 세상에 '허문정'이란 이름을 가지고 이만한 변辨을 구사한다는 건 조금은 특별한 일이자, 일견 독자의 관심거리를 제대로 불러들일 만하다고 여긴 것이다. 또 이 같은 '이름 시名詩'로 깊어진 시문법이 최근 필진해지고 있는 당신 삶에 하나의 전환적 동기는 되지 않을까도 추측해 보았다. 해서, 이름에 대한 재구再構로서의 이 시는 살아온 삶의 보상이기도 하리라 생각해 보았다. 사실 요즘은, 한 아파트 같은 엘리베이터 안에서도 출퇴근 때 만나면 서로 외면한 채 멀뚱멀뚱 딴 벽만 보아오는 판국에, 혹 이웃 간의 마음을 트는 이름값이지 않을까도 싶었다. 아마 그의 선친께서는 오늘날 이런 사회의 불통을 예견하며 마음을 허물어 넓은 소통에 다가가라며 이 명명을 해 주셨는지도 모르겠다. 제 무참을 함부로 남에게 끼치는 이 익명성의 도시에서, 이웃이나 가족 간에 서로의 체면과 무장과 꺼끄러움 등을 다 해제해 버릴 수 있는 이름이라니, 새삼 참 '허허' 그 '허문다'

는 말이, 결빙처럼 굳어진 사회와 가정을 향한 한 경계儆戒의 교훈으로 집약된 메시지일 터이다.

끝까지 뜨겁자 했다
인연의 탑 높이 쌓자 했다
우리가 지금 하는 일이 의미 있는 일이라서
견고하게 성을 쌓으며
헛되지 않길 바랐다

간절해서 조바심이 컸나
도원결의는 거북등처럼 벌어지고
깊게 패인 밤의 웅덩이에
발이 빠지고 말았다
가슴에 바윗돌만 올려놓은 채
우르르 무너지는 탑
오늘은 늘 아쉬움뿐인 게 인생이지만
어금니를 깨물며
너를 삭제한다

차근차근 쌓지 못하고 벽을
허문
정

-「허문 정」 전문

그런데, 아뿔싸! 필자의 지레짐작도 얼핏 그만 삭제키로 눌러질 즈음 다시 허물리고야 만다. 화자가 "아쉬움

뿐"인 자신의 "인생"에 대하여 "어금니를 깨물며" 삭제한다는 걸 통고하고 있는 이유에서이다. 그가 허물어뜨리는 사유를 "차근차근 쌓지 못"했다는, 그러니까 겸허한 자기 탓을 아무렇지도 않은 듯 내려놓는 뉘우침으로 맺고 있음에 결국 독자는 반전을 맞는다. 그는 이렇듯 애초부터 잘못 놓았던 벽돌을 빼내고자 그것의 "삭제"를 서둘러 마지않고 있다. 시가 이리 깊어진 건 한없이 양보해 온 그의 미덕과 같은, 아니 그 품 안과 같은, 이른바 열려진 뜰을 상징하는 한 집안의 '문정門庭'일지 모른다. 어쨌든 이 시대로라면 지금껏 쌓아 올린 공력을 곧 허물어야 할 마당이겠다. 그걸 허문다는 건, 정精誠들여 문과 뜰을 다시 닦자고 시작하는 일이지 않은가. 하면, 참으로 지난한 작업을 감수한다는 각오이기도 할 것이다.

화자는 살아오는 동안 일견 '잘해보자'는 그 마음만 "간절해서 조바심"이 더 심했지 않았나 하고 반성하기도 한다. 한때, 잘 살자고 굳게 약속하던 "도원결의" 같은 맹세는 "거북등처럼 벌어져" 수습이 어렵다. 그리고 그게 어느결에, 자신도 모르게 "깊게 패인 밤의 웅덩이"로 그만 "빠지"게 되었음을 알아차린다. 잔뜩 기대를 걸던 서로는 그 무거운 생의 "바윗돌" 하나씩을 짐짓 올려 왔다며 자책 혹은 타책을 한다. 한데, 지금은 그마저 바벨탑처럼 "우르르 무너지고" 있는 것만 같다. 이제야 뉘우치고 다시 쌓으려 하지만, 뭐 애초에 쌓을 때보다 더 힘이 들

건 뻔한 일이다. 필자는 이 시를 읽으며, 허물고 허물리며 다가가는 게 또한 이루어지는 정분이란 걸 깨닫는다. 언필칭 "허문 정"이란, 허물어 다시 쌓으려는 정성으로 대변되는 일일진대, 설사 다 허물더라도 바닥에는 결코 그 '정情'이란 게 남아 있음에서 그러하다. 살다 무너진 이들은 다들 '다시 시작하자'는 말로 스스로를 위무한다. 허무는 일 끝에 다시 쌓을 힘이란 곧 '정'이 받쳐 있음으로써 분명해진다는 사실이다. 그러니, '허무는 정'은 한 종구終句로서 역할을 하지만, 그 '정'에 점지되는 바는 자못 반전적反轉的이다. 결국은 다 허물어지더라도 '정'은 끝까지 그를 받치는 아름다운 기초석이니, 해서 참으로 '허문 정!' 답다고 여긴다.

3.

다음 화자는 정원에서 사과나무의 꽃눈을 따고 있다. 물론 이 꽃눈을 따는 것은 차후 튼실한 과일을 얻기 위함이다. 그런데 화자는 눈을 따려는 순간 꽃봉오리가 무슨 말인가 하려는 눈치를 읽는데 이른바 그게 '기미機微'의 시학이겠다. 곧 눈치가 필에 닿자 꽃눈은 미세히 떠는 참을 맞는다. 하지만 화자는 성큼 꽃눈으로 그가 다가선다. "미안하고 큼큼한" 화자의 눈빛을 이 꽃눈이 벌써 알아챘을 것이겠지만, 장차 "명품과일"을 기대해 마지않기에 그는 꽃눈을 가차없이 "솎아"낸다. 그러다가 화자는 문득

이 솎는 작업이 무서워지기 시작한다. 꽃눈에게 뻗치는 제 짓처럼 누군가의 검은 손이 자신의 눈도 그만 똑 따내 버릴지 모른다는 그 압박감이 온 때문이다. 해서, 그는 아찔한 생각 속에 따내 버린 꽃눈에 그만 얼굴을 부비고 우는 것이다.

이처럼 정치精緻한 생명성의 기미機微로 씌워진 이 시는, 허울이나 욕심으로 애먼 꽃눈을 따 던지는 인간의 이기주의에 대해 비판한다. 즉 작다고 희생시키는 현실에 대해 안타까운 적자생존, 그 자본주의적 행태를 비꼬는 바를 시의 작용점에 두고 있다. 과일나무의 앳된 꽃눈에까지 달려드는 인간탐욕에 대해, 나무와 화자의 입장을 바꾼 알레고리를 보여주는 시이다. 즉 "얼굴 부비며" 우는 화자의 그 연대를 통해 나무와 소통하고 생명의식의 정분을 공유한다.

입술 꼭 다문 꽃봉오리가
무슨 말을 하려고 한다
살포시 눈 뜨려한다
연한 입술이
봄바람 기침소리에 놀라
터질 것만 같다

성큼 다가 선
나의 미안하고 큼큼한 눈빛을 눈치챘을까

갑자기 사과나무의
마음이 캄캄해진다

여린 입술을
똑 똑 따내며
생은 피기도 전에 마칠 수도 있는 거라며
구차한 변명 앞세워 보지만
실은
튼실한 명품과일을 얻기 위한 욕망으로 솎아내는 것
먼발치 눈치 빠른 감나무 살구나무 낯빛이 파랗게 질린다

문득
솎아낸다는 말이 무섭게 나를 휘감는다
사람과 사람 그리고 AI
어디선가 검은 손이 내 꽃눈을 똑똑 따내고 있는 건 아닌지

아찔한 현기증으로 노랗게 주저앉으며
떨어진 꽃봉오리들과 함께 서로 얼굴 부비며 울었다.

-「꽃눈을 따다」 전문

이 「꽃눈을 따다」라는 작품은 그 구성이 다음의 '기승전결'의 수순을 밟고 있다.

즉, ①기 〈꽃봉오리의 말〉 : 봄바람 기침 소리에 놀란다 ②승 〈꽃봉오리의 겁〉 : 나무도 앞이 캄캄해진다 ③전 〈파랗게 질린 나무〉 : 피기도 전에 생을 마친다 ④결 〈솎아내는 검은 손〉 : 현기증으로 주저앉는다.

이렇듯 4단 점층 구성에 '꽃봉오리'와 '나무'의 이미지를 차례로 입혀 보이는 게 그것이다. 결국 꽃눈의 생채기에 눈을 부비고 우는 화자의 안타까운 정이란, 거기 꽃눈과 상처 사이에 한 울음을 끼침으로써 둘을 교접해 간다. 사람들이 무심코 따버리는 꽃눈 작업, 그것에 대한 경고적 고지서를 발부하는 이 시는, 경제적 가치만 따지는 현대인들이 쓸모가 적은 걸 함부로 버리는 그 무지에 더 지불할 화폐가 많아진다는 바를 들뜨지 않고 한발 한발 눈을 따가듯 일깨운다.

나는 전생에 새였을까
슬픈 날에는 하이힐로 보도블록을 콕콕 쪼아 먹지
집에는 부리 없이도 먹을 게 많지만
뾰족한 부리로 구름을 쪼아대지
날고 싶은 욕망이
새의 본능을 따라하지

쿵! 하고 떨어지는
착한 구름
부풀어
빵이 되는 구름

떨어진 구름 조각이
내 하이힐 굽에 달라붙지
새의 발이 하이힐 굽을 닮은 거 알아?

하이힐 굽은
새가 되려는 나를
터트리고 말지

하이힐 내 부리 다 닳아지면
전생을 살까

흰색 하이힐 찾아 신고
새의 길 나선다.

-「새의 날」 전문

이 화자가 말하는 "전생"은 "새"를 강조한다. 허문정의 시에 자주 등장하는 새는 이른바 '갇힌 새'로서의 존재이거나 밖을 동경하는 새, 그리고 자유로운 비상을 꿈꾸는 새 등으로 상징된다. 이 작품도 밖으로 나가지 못하고 갇혀 슬퍼하는 날, 그의 혼자된 멜랑콜리를 호소한 작품이다. 그는 거리의 보도블록에 하이힐로 자신이 콕콕 쪼며 걸어가는 상상을 한다. 즉 자유롭게 모이를 쪼는 새의 모습과 자신을 대비해 그린다. 여성의 하이힐은 외출의 상징물이다. 그에게 이 외출이란 멀리 "구름을 쪼아대"며 날아가는 "새의 본능을 따라"하는 일이기도 하다. 현재 이 지상에서 살지만, 이곳을 걷다가 하이힐 굽이 닳아지면 곧바로 전생인 '새'로 돌아가리란 걸 알고 있다. 해서, 오늘도 그는 새의 길을 밟는다. 흰색 하이힐로 "보도블록"을 쪼다가 우쭐우쭐 날갯짓을 일으켜 날고자 하는 것이다. 화자는 새의 본능을 현재 자신의 역할에 대입하며 극기심을 북돋우는데, 그 힘을 "전생"에 가져온 어떤 기氣로써 보충한다. 상상 속에 "부풀어 빵이 되는 구름"을 쪼아먹듯, 이 답답하고 먹먹한 자신의 처지를 벗어나고자 한다. 새가 될 환상을 빌어와 꿈틀거리는 가슴에 잠을 재우며 장차 날아갈 날을 기다리는 것이다.

역시 다음 작품도 한쪽 날개를 잃은 새의 아픔을 그리고 있다. 잃어버린 새의 날개를 화자가 그려 넣겠단 의지를 표출함에 그 아픔을 참는 힘이 실렸다. 자신의 처지를 빗댄 솜씨조차 상실된 그 현재를 초월하는 결의 같은 게 투명하게 내비치는 시이다.

아득한 앵무의 날개를 파득거려 보지만
앙다문 입술만 날아갈 뿐
고요를 업고 저녁을 건너는 능선에
넘지 못한 구름만 걸터앉아요

날아올라야 하는데

또글또글 블루베리 알갱이 빛깔처럼
깊어진 수심
누가 나를 달달 곯여 잼이라도 만들어 주길

식어가는 석 달 열흘치의 힘을 모아

또 한 번 파득거려 보지만
또다시 내려앉는
냉각의 노래

이대로는 안돼
솜사탕처럼 부풀어야 돼

애절한 부름에도
기어이 멈춘 너의 노래
 편히
 쉬어

바람에 찢긴 한 쪽 날개는
내가 그려 넣을게.

-「한 쪽 날개는 내가 그려 넣을게」 전문

이렇듯 이 시는 자신이 곧 새의 이미지로 환치된 형식을 밟는다. 날지 못하는 새가 겪는 고통, 그 자조나 자학의 의식들이 이번 그의 시집 속에 주요 특징으로 드러나 보이기도 한다. 여기서 어쩌다 잃어버린 퍼즐 조각처럼 찢어진 한쪽 날개를 가진 새로 화자가 등장한다. 그는 아무리 노력해도 날지 못한다. 앙다문 입술로 마냥 날 것을 웅얼거릴 뿐이다. 먼 능선으로는 넘지 못할 구름이 자기 처지를 상징하듯 걸려 있다. 그 구름을 바라보며 그는 욕망을 점점 키워 간다. 정말 누군가 나를 달달 굶여 끈적이는 잼이라도 만들어 준다면 그 뜨거운 잼을 발라서 식어가는 힘이나마 용을 써 한 번 퍼덕거릴 거란 그 최후를 생각한다. 이제, 새의 그런 자세를 자기화의 추동력으로 당기며 그는 끈질긴 변혁을 꿈꾼다. 그러나 그뿐, 외짝 날개로는 비상하지 못함을 그는 잘 안다. 이카루스의 새일까. 그래, 이내 "넝각의 노래"처럼 내려앉고 만다. 하지만 다 포기하면서도 '일어서자 일어서자', 그 의지를 반복해 돋운다. 결국 화자는 자신에게 소리친다. "이대로는 안 돼 솜사탕처럼 부풀어야돼" 라고 말이다. 애절한 노래이듯 자기 암시의 혼을 이리 가쁘게 쏟는다. 하지만 "기어이 멈춘" 그 노래에 대해, 상대는 마냥 "편히 쉬어" 라고 말할 뿐이다. 노력해도 안 되니 그만하라는 것이겠지만, "찢긴 한쪽 날개"를 어떻게든 자기가 "그려 넣을"거라고 국센 약속을 한다.

최근 그의 작품엔 '새'가 자주 등장한다. 자유롭게 나는 상징이 곧 이 새이다. 날지 못하는 새로 드러남은 어떤 트라우마의 벽에 매달려 있음이 심리적으로 현시된다. 그것의 지칭은 문학의 벽일 수도 있겠고, 답답한 생활의 한계일 수도 있다. 글이 나아가지 않을 때, 또한 문학의 여건이 순조롭지 못할 때, 또 자신의 환경이 어떤 어려움에 직면해 있을 때, 시적 화자가 운위한바 잠재적 비상구로서의 상징적인 새는 편 편에 나타나 있다.

이 새의 시편들은 화자 스스로 치유와 정서를 일으켜

려는 그 노력의 지점에 모여있다. 그건 환경의 억제로부터의 승화, 또는 그때 흘리는 자기 침잠의 눈물 자국일 수도 있겠다.

> 밤새 한파가 몰아치더니
> 새의 깃털이 방문 앞에 널려있다
>
> 고양이의 기습을 받은 걸까
> 불길한 예감을 껌처럼 씹는데
> 정자 옆에 불을 피운 자리 선연하고
> 새의 깃털 마구 날린다
>
> 팔순 넘은 그 영감이
> 새마저 몸보신으로 구워먹은 현장에서
> 기회를 엿보던 길고양이거나 굶주린 개가
> 잽싸게 물고 와
> 우리 집 문 앞에서 허기를 채운 모양인데
>
> 펄펄 날뛰었을 영감의 욕망을 낚아채 온
> 개이거나 고양이
>
> 조금은 고소하기도 한 날이다
>
> -「죽은 새의 깃털」 전문

이 시에는 밉직하게 등장하는 인간, 즉 이웃인 "팔순 영감"이 나온다. 그가 하는 일이 화자에게는 눈엣가시의 역이다. 반면 고양이나 개가 하는 일은 정당하게 평가된다. 그게 시에서 "새마저 몸보신으로 구워 먹"기 위해 잡은 건데, 그만 고양이나 개가 "잽싸게" 낚아채 "허기를 채운" 것임을 통해 고양이 보다 영감 측을 고발하는 입장을 취한다. 영감의 것을 빼앗아 갔으니 "고소"하다고 여기기 때문이다. "펄펄 뛰었을 영감의 욕망"에 화자는 한 걸림돌을 놓는다. 화자는 "죽은 새의 깃털"을 통해 간밤에 일어난 사건을 추리해 보인다. 물론 고양이나 개의 시도일 수도 있겠는데, 화자는 "팔순 영감"의 행적을 의심하게 된다. 고양이가 물고 가는 걸 쫓아가 그걸 빼앗은 뒤 구워 먹었거나, 아니면 영감이 구워 먹으려는 찰나 헛눈 파는 사이 그만 고양이가 잽싸게 "낚아채" 갔거나 둘 중 하나이다. 아무튼 이 범죄 행위는 미궁이어서 여러 추적이 필요하다. "펄펄 뛰었을" 새가 그만 "팔순 영감"으로 전변되는 순간, 이 시는 화자가 보는 "고소"한 맛을 곧 독자에게 일으키게도 한다. 인간의 탐욕으로 빚어진 생명경시의 동기가 비판을 받는 바, 예의 소실적 생태와 환경적 소이의 일치점이 반영된 작품이다.

4.

다음 시에서 보니, 화자의 소속된 사회에는 늘 장전된 총이 있다. 국가에선 그 총을 버릴 것을 요구하지만, 당사자는 상대방을 "보호"한다는 "명목 아래" '나'를 향해 곧 잘 방아쇠를 당기곤 한다. 그게 파편처럼 날아 내 마음 한 자락을 뭉텅 베어내는 것이다.

이에 비유한바, 라이너 마리아 릴케의 『말테의 수기』에는, 어느 시인이 말馬, 즉 말言語을 통해, 말에 대한 가혹한 훈련을 상징적으로 해설한 대목이 있다. 결국 이 말이 맹수와 싸우기 위해서 철조망에서 탈출하는 예가 그것이다. 심한 간고艱苦의 글쓰기, 그 순간의 철조망(집필실)에서 탈출한 말(언어)은 저자를 비롯 독자를 향해 공격해 오게 된다. 시인과 맹수(말)가 서로 사납게 맞설 때, 비로소 시인은 화난 말을 잘 다루려 하거나, 독자의 방어와 공격 앞에 한 편의 시를 계획적으로 쓰려 마음먹게 된다. 결국 갇힌 말馬, 言語이 아닌 밖으로 뛰쳐나오는 말, 그러니까 시인과 시 사이는 투우장이듯 어떤 쟁투 장면으로 바뀌게 되는데, 이럴 때 그 시가 가장 흥미 있게 읽히는 일임을 암시한다. 이 논리는 곧 시로 향한 발상의 전환책을 요하기도 한다.

당신은 언제나 말끝마다 총알을 장전하고 있죠
보호라는 명목 아래
내 여린말에 마구 방아쇠를 당겼어요
죽었을까요
여린말들은 방탄조끼를 입었고
방탄조끼를 입고 자란 나의 말들은
내성이 생겼어요

깨진 얼굴에서 쏟아지는 웃음이
오죽하겠어요
파편처럼 날아
마음 한 자락 베어냈지요

이제 당신의 거친 말들이
물컹거려요
그만 총을 버려요
총으로는 평화가 오지 않아요.

-「그만 총을 버려요」 전문

이제 구석에 몰린 화자는 "그만 총을 버려요" 라고 요구한다. 화자가 언급한 여린 말言語은 착하고 순응하고자 하는 사회의 언어를 상징할법 하다. 여기서 "여린 말"이란 "방탄조끼"를 입긴 했지만 속은 그냥 조용한 소극적 인물이다. 하면, 총은 공격적으로 거친 말을 하는 당사자일 것이다. 이처럼 한 가정에서 무력이 행사될 때 그 평화는 깨진다. 약자인 화자는 "당신의 거친 말들이 물컹거려요" 이제 "총을 버려요"라고 애원한다. 총이란 "평화"를 훼방 놓는 폭력 장치이기 때문이다. 그럼에도 불구하고 당신은 말끝마다 "총알을 장전"하고 날 "보호"한다는 "명목 아래" 복종을 강요하고 있다. 그같은 사실은 화자를 향해 그가 "방아쇠를 당"기는 것과도 같은 일이다. 그렇다면 내 여린 말(언어)은 "죽었을까요" 하 천만에이다.

난 "방탄조끼를 입었"을 뿐만 아니라 그것쯤 다 이겨낼 "내성"조차 생겨났음을 주사한다. 당신의 "깨진 얼굴에서 쏟아지는 웃음"이 "파편처럼" 내 마음 "한 자락 베어내"기도 했지만, 이젠 "당신의 거친 말들"이 늙어져 "물컹거리"니, 제발 이쯤에 "그만 총을 버리"라고 통고를 한다. 녹슨 총으로 가정의 "평화"를 구원할 수 없음이 자명하기 때문이다.

이처럼 이 시는, 국가 사회나 가정의 폭력으로부터 평화를 지키려는 바, 그 야생마처럼 날뛰는 언어를 순치하고 틀어잡기 위한 시적 생태가 한 중의적인 상징 틀 안에 담겨 있다.

> 어떤 자리 어떤 화목에도
> 누군가 숨어서 흘린 땀방울이 스며있고
> 한 번 더 놀린 손짓이 있고
> 자신을 낮은 자리에 놓은 사람이 있다
>
> 어머니는 오늘도 아랫자리에 앉으신다.
>
> -「낮은 자리」 전문

식구들의 뒷바라지 끝엔 누가 있는가. 물론 말할 것도 없이 어머니가 가장 아랫자리에 숨어 계신다. 옛날엔 가난을 벗어나려 애쓴다거나, 자식들 편안히 공부시킨다거나 하면, 그 뒤엔 꼭 어머니가 성자처럼 낮게 엎드리어 계시었다. 어머니는 오두막이지만 그 집을 마치 검은 솥걸이 마냥 띄워 높이 들고 계신다. 아니, 밤낮 평생을 이고 계시었다고 말해야 옳다. 집안의 여러 궂은일, 힘든 일뿐 아니라 기쁜 일이나 슬픈 일, 고통스러운 일이거나를 마다치 않고 당신의 몫으로 감당해 왔다. 나아가 자식의 성공을 위해라면 날마다 값싼 품일망정 쉬지 않고 팔거나, 뼈빠지게 밤 길쌈을 하고도 낮 농사일을 감당하시지 않았던가. 하지만, 어머니의 자리는 늘 허름한 부엌이거나 정제문 주위, 아니면 부뚜막에 겨우 걸터앉을 그 비좁은 자리가 전부였다. 시에서 화자가 일컫는 바, 그 "낮은 자리"는 곧 어머니의 자리가 아님을 안다. 하면, 어머니라는 방석 그 자체일 것이다. 식구들을 위한 희생의 자리가 아니라, 그들의 마른자리가 되도록 공중 부양법으로 떠받치고 있는 것이다. 어머니의 자리는 누추하고 낮은, 그래서 가장 "아랫자리"가 되는 것이다.

5.

이상에서 허문정 시인의 작품을 몇 편 살펴보았다. 종합해 보건대, 그의 시적 흐름은 크게 세 부분으로 나눌 수 있을 듯하다.

첫째 이름의 시학, 즉 '허문 정'에서 이르는바, 흩어지는 낱알의 시대에 따뜻한 합일의 밥그릇으로 이끄는 그 '정'에의 도달을 꿈꾸고 있는 점,

둘째 전생으로 회귀하고자 하는 이승 새의 고달픔을 빌어와 자아 극기의 정서를 구현하고자 하는 점,

셋째 사회나 가정의 평화를 깨고 도망하는 말, 또는 총질하는 언어를 순치해 안정적으로 지키고자 하는 점 등이다.

이 같은 시학의 귀결은 결국 모성, 모태로 돌아가는 일이겠다. 하면, 어머니와 같은 낮은 자리, 아니 가장 힘든 그 아랫자리로 돌아가는 일이지 않을까 싶다.

즈음하여, 소통적 합일과 극기적 자아와 그리고 안정적 가정을 위해 시인 스스로가 감내하는 고통이 매우 크다는 걸 이 시들을 통해 알 수 있다. 하지만, 그 같은 테두리나 갇혀 있는 것으로부터 사뭇 비상하려는 눈물겨운 꿈과 의지의 시학 또한 비례하여 강하다. 해서 그의 시는 세상의 가학加虐과 위선僞善들을 감싸는 바가 넓고도 깊다. 가장 낮게 위치하여 온화한 짚북데기를 두른 그의 서정적 발화에 응원을 보낸다. 마치 둥우리 속의 '어미새'처럼 늘 알을 품는 그 '아랫자리'의 낮은 곳에 있음을 보여준 이 시집에 축복이 내려질 것을 의심치 않는다.